AF313916

DECLARATION DV ROY,

PORTANT REGLEMENT

pour le nouueau prix donné aux Efpeces
d'argent legeres & rognées : Enfemble
pour l'obferuation des prix de l'or & argent employez aux ouurages d'Orfeurerie : Et defenfes de fondre les Monoyes
& les tranfporter, ny autres matieres d'or
& d'argent hors du Royaume.

Verifiée en la Cour des Monoyes le 30. Octobre,
mil fix cens quarante.

A PARIS,

Chez SEBASTIEN CRAMOISY,
Imprimeur ordinaire du Roy, & de la
Cour des Monoyes, ruë Saint
Iaques, aux Cicognes.

M DC. XL.

Auec Priuilege de fa Majefté.

(6)

LOVIS par la grace de Dieu Roy de France & de Nauarre. A tous ceux qui ces presentes Lettres ver-ont, Salut. Ayant par nos Lettres de Declaration du dix - huictiesme du present mois, verifiées en nostre Cour des Monoyes le vingt - quatriesme ludit mois , ordoné entre autres choses, Que le prix des especes d'ar-gent legeres seroit diminué en les ex-posant à proportion des Grains qui manqueroient, suiuant l'eualuation qui seroit faite de chacun Grain par nostre Cour des Monoyes , selon le titre & la valeur interieure de cha-cune espece, par vn Tarif qui seroit imprimé & publié auec ladite De-claration. Novs auons receu diuer-

A ij

ses plaintes de la perte que soufri-
roient nos Sujets, en l'exposition des
especes legeres, sur le prix de ladite
eualuation faite à raison du titre, &
non du cours desdites especes, & que
d'ailleurs ce seroit vn moyen de les
faire transporter hors de nostre
Royaume, & aux Afineurs, Orfeures, & autres qui trauaillent d'or &
d'argent, de fondre ce qui en reste-
roit pour l'employer au luxe, & le
destourner de nos Monoyes, au
moyen des billonemens, sur-achat,
& sur-vente du Marc d'or & d'argent
que font continuellement lesdits
Afineurs, Orfeures, & les Ioyalliers,
Merciers, Bateurs & Tireurs d'or &
d'argent, Graueurs, Doreurs, & autres trauaillans & trafiquans d'or &
d'argent, & de la fabrication de
quantité d'ouurages d'Orfeurerie, &
de poids excessif. Pour à quoy reme-
dier, Nos Predecesseurs de temps en

temps ont fait plusieurs & diuerses Ordonances, lesquelles ont esté repetées és années 1554. & 1577. & neantmoins éludées par les dessusdits, faute d'auoir esté punis selon la rigueur d'icelles. Ce qui nous auroit obligé d'y pouruoir par nos Lettres de Declaration du vingtiesme Decembre 1636. verifiées en nostre Cour des Monoyes le 8. Ianuier ensuiuant: nonobstant lesquelles le desordre n'a pas laissé de continuer sous diuers pretextes. Surquoy & sur les diuerses propositions qui nous ont esté faites par aucuns Banquiers, Marchans & Negotians de nostre bonne Ville de Paris, pour le soulagement de nostre Peuple, facilité du Comerce, & pour empécher les fontes & transports desdites especes; Ayans mandé & pris l'aduis des principaux Officiers de nostredite Cour des Monoyes, & nous estant fait repre-

A iij

senter les Ordonances faites par les Roys nos predecesseurs, & par nous en pareilles occurrences. SÇA-VOIR FAISONS, que pour ces cau-ses & autres grandes considerations à ce nous mouuans, ayans fait mettre cet afaire en deliberation en noftre Confeil, où eftoient aucuns Princes, Seigneurs, & grands Perfonages: De l'aduis d'iceluy, & de noftre certai-ne fcience, pleine puiffance & auto-rité Royale, NOVS auons dit, de-claré & ordoné, difons, declarons & ordonons par ces prefentes fi-gnées de noftre main, voulons & nous plaift, que dorefnauant, à com-mencer du iour de la publication des prefentes, & attendant que nous ayons pourueu à la fonte & conuer-tiffement defdites Monoyes d'ar-gent legeres, toutes les efpeces d'ar-gent aufquelles nous auons donné cours par nos Lettres de Declaration

du mois de Iuin 1636. seront exposées
au prix porté par ladite Declaration,
pourueu qu'elles ne soient rognées,
& ne se trouuent legeres & diminuées
de leur iuste poids par le fray & ma-
niment d'icelles, que de six Grains
pour les pieces de vingt sols apelées Quart d'escu , pour celles de
vingt sept sols apelées Francs, pour
les Testons, & pour les Pieces estrangeres ayans cours par ladite Declaration à raison de trente sols & au dessus : De trois Grains pour les demies
& autres pieces Estrangeres au des-
sous de trente sols : & de deux Grains
pour les quarts desdites pieces , en-
semble pour les Testons de Lo-
raine , Chelins d'Angleterre, & autres especes de plus bas prix. Et pour
le regard de celles qui se trouueront
rognées , & plus legeres qu'il n'est
specifié cy - dessus , elles n'auront
cours que pour leur poids, à raison

de vingt-cinq liures quatre ſols pour le Marc des Quarts & demy Quarts d'eſcu ; de vingt trois liures cinq ſols neuf deniers, pour le Marc des Francs, demy, & quarts de Franc; de vingt-quatre liures dix ſept ſols trois deniers, pour le Marc des Teſtons, & demy Teſtons ; de vingt-cinq liures quatre ſols, pour le Marc des Reaux, demy, quarts, & demy-quarts d'iceux ; & les autres eſpeces Eſtrangeres à proportion ſelon l'éualüation & Tarif qui en ſera fait par noſtredite Cour, & imprimé en ſuite des preſentes. VOVLONS auſſi que le pris de TROIS CENS QVATRE VINGTS QVATRE LIVRES par nous donné au Marc d'or fin, & de VINGT CINQ LIVRES au Marc d'argét le Roy, du titre d'onze Deniers douze Grains, par Arreſt de noſtre Conſeil du dixieſme Septébre 1638. regiſtré en noſtre Cour des Monoyes le 22. dudit mois, ſoit

éga-

galement gardé par les Maiſtres de
nos Monoyes, Orfeures, & autres
trauaillans ou trafiquans d'or & d'argent tant nos Sujets qu'Eſtrangers, leur
faiſant, & à tous autres de quelque eſtat
qualité & condition qu'ils ſoient, defenſes d'y contreuenir, acheter ny vendre directement ou indirectement le
Marc d'or ou d'argent en maſſe ou lin-
got, en œuure ou hors d'œuure, à plus
haut prix, ſur peine de confiſcation des
matieres & vaiſſelles d'or & d'argent,
de cinq cens liures d'amende contre
les vendeurs, pareille amende & priua-
tion de la Maiſtriſe contre leſdits Orfeures, Afineurs, & autres deſſuſdits
pour la premiere fois, & de punition
corporelle pour la ſeconde. ENIOI-
GNONS auſdits Maiſtres des Monoyes,
Afineurs, & Orfeures chacun à leur eſ-
gard de faire bó & loyal Regiſtre & papiers ordinaires de toutes les matieres,
vaiſſelles, & ouurages d'or & d'argent

B

qu'ils acheteront, où fera efcrit la quâti-
té, qualité & poids des ouurages & matieres qu'ils aurôt achetées par chacun
iour , pour reprefenter lefdits Regiftres
& papiers quand ils en feront requis.
Et pour arrefter le luxe, & la trop gran-
de fuperfluité des ouurages d'or & d'argent qui eft auiourd'huy en noftre
Royaume ; Avons auffi fait & faifons
tres-expreffes inhibitions & defenfes à
tous les Orfeures tant de Paris que des
autres Villes de noftre Royaume , de
faire à l'auenir aucuns ouurages d'or
excedans le poids de quatre onces , &
d'argent excedant fix Marcs, pour vne
feule perfonne de quelque qualité &
condition qu'elle foit, fans en auoir per-
miffion par nos Lettres patentes, fellées de noftre grand fceau, & regiftrées
en noftre Cour des Monoyes, à peine
de confifcation defdits ouurages, de
cinq cens liures d'amende contre lefdits Orfeures, & clofture de leurs Bou-

iques pour la premiere fois , & puni-
ion corporelle en cas de recidiue; lef-
quelles feront expediées, fcellées gra-
uitement , & regiftrées fans aucuns
rais, ny droits de Greffe. V O V L O N S
uiuant nos anciénes Ordonances fur le
ait de l'Orfeurerie que tous les Orfeures de noftre Royaume foient tenus
le vendre l'or & l'argent de leurs ouurages feparément de leurs façons, &
eurs façons à part, & à cette fin qu'ils
bailleront bordereaux fignez d'eux
contenant le pris de l'or & de l'argent
des ouurages par eux vendus & liurez,
& de la façon de chacune piece. VOV-
L O N s que le Reglement qui a efté fait
par noftredite Cour des Monoyes le
huitiefme iour d'Aouft 1637. foit
publié & enregiftré en la Chambre
commune dudit meftier , & executé de
point en point felon fa forme & teneur, & que chaçun defdits Orfeures
ayt en lieu eminent dans fa boutique

vn tableau où feront efcrites les valeurs des Marcs d'or & d'argent, à ce que nos Suiets en ayent conoiffance , & ne puiffent eftre furpris ny deceus. Et pour ce que nous fommes bien aduertis que la premiere & principale caufe du fur-hauffement du pris de l'or & de l'ar-gent prouient defdits Afineurs , par l'encheriffement & furuente aux Orfe-ures, & autres de l'argent par eux afiné; & au moyen de la fouftraction & fon-tes qu'ils font dans leurs maifons pri-uées des matieres deftinées à la fabri-cation de nos Monoyes ; ce qui en caufe entierement la ruine , quoy qu'ils n'ayent efté originairement inftitués que pour le trauail & l'auancement d'icelles ; Novs voulons qu'ils foient tenus & contraints d'aller faire leurs fontes , afinages & departs dans les Hoftels de nos Monoyes , où nous voulons queles Fourneaux & Afinoi-res qui y font de toute antiquité foient

establies & rebasties le plus prompte-
ment que faire se pourra, & les repara-
tiós d'icelles baillées au rabais & moins
disans en nostredite Cour des Monoyes, & les deniers qu'il conuiendra
pour cét effet fournis par les Treso-
riers de nostre Espargne és mains de
nos Receueurs generaux des boëttes,
pour estre employez ausdites repara-
tions. Et pour la conseruation de l'or &
de l'argent en nostre Royaume, Nous
faisons tres-expresses inhibitions & de-
fenses à tous nos Suiets, regnicoles &
estrangers de transporter hors nostre-
dit Royaume aucun or ou argent monoyé ou non monoyé, ny autres ouurages d'Orfeurerie, sur peine de con-
fiscation des matieres & marchandises
& autres choses qui se trouueront em-
balées auec lesdites matieres & ouurages d'or & d'argent, charettes, harnois
& cheuaux, de cinq cens liures d'amende, & de punition corporelle. Vov-

LONS que toutes nos Ordonances sur le
fait de nos Monoyes, & celles du mois
de Mars 1554. & Decembre 1636. pour
le reglemét de l'Orfeurerie, soient exa-
ctement gardées & obseruées selon leur
forme & teneur, fors & excepté pour
l'estimation de la façon des ouurages
d'Orfeurerie, nonobstát toutes Declarations & Arrests que lesdits Orfeures
& autres Artisans pourroient auoir ob-
tenu au contraire, lesquels nous auons
reuoqué par ces presentes, & voulons
que de toutes les contrauentions qui
seront faites à nosdites Ordonances & ces presentes pour le fait de
nosdites Monoyes, Orfeures, Afineurs, & leurs mestiers, & tout ce qui
concerne le trafic & employ d'or &
d'argent, il soit informé à la requeste
de nostre Procureur general en ladite
Cour par les Deputez d'icelle, Generaux Prouinciaux, & Gardes de nos
Monoyes, pour estre les procés faits

& parfaits iufqu'à Sentence definitiue incluſiuement , nonobſtant oppoſi-tions ou apellations quelconques que nous voulons eſtre releuées en noſtre-dite Cour des Monoyes , à laquelle, entant que de beſoin , Nous en auons attribué toute Cour , Iuriſdiction & onoiſſance ; enſemble de toutes les ontrauentions & diferens qui nai-ſtront en execution de ces Preſentes ; & icelle interdite à toutes nos Cours de Parlement,& autresl uges quelcon-ques : luy enioignant de faire executer noſdites Ordonances, ſans ſe depar-ir ny diſpenſer de la rigueur des pei-nes y contenuës , ny aucunement y deroger : ce qui ne pourra eſtre fait que par Nous , apres auoir ouy les Ofi-ciers de noſtredite Cour. Si DONNONS en mandement à nos amez & feaus les Gens tenans noſtre Cour des Mo-noyes , que nonobſtant le temps des Vacations, ils ayent à faire lire, publier

& regiftrer ces Presétes, & le côtenu en
·icelles obferuer & entretenir par tous
nos Suiets de quelque condition qu'ils
foient, fans foufrir ou permettre qu'il
y foit contreuenu en quelque forte &
maniere que ce foit. ENIOIGNANT à
noftre Procureur general & fes Subfti-
tuts en nos Monoyes d'y tenir la
main, & de certifier noftredite Cour
de leurs diligences & pourfuites. ET
dautant que de ces prefentes l'on pourra auoir afaire en plufieurs & diuers
endroits; Novs voulons qu'au vidi-
mus d'icelles fait par l'vn de nos
amez & feaus Confeillers & Secretai-
res, ou par le Greffier en chef de noftre - dite Cour des Monoyes, foy
foit adiouftée comme au prefent ori-
ginal, nonobftant auffi tous Edits, Ordonances, Declarations & Arrefts, foit
de noftre Confeil ou de nos Parlemens,
& autres Letres contraires, aufquelles
quátà ce & aux dérogatoires des déro-

gatoires

ȝatoires y contenuës nous auons dé-
ogé & dérogeons par ces presentes:
CAR TEL EST NOSTRE PLAISIR.
En tesmoin dequoy nous auons fait
mettre nostre Seel à cesdites Presentes. Données à Versailles le vingt-
neusiesme iour d'Octobre, l'an de
grace mil six cens quarante, & de
nostre regne le trente-vn. Signé
LOVIS. Et plus bas Par le Roy,
DELOMENIE. Et sellées du grand
Seau de cire jaune sur double queuë.

Et plus bas est encore escrit.

*Leuës & regiſtrées, oüy & ce reque-
rant Cartays Aduocat general pour le
Procureur general du Roy, pour eſtre execu-
tées ſelon leur forme & teneur, ſuiuant
l'Arreſt de ce iourd'huy. A Paris ce
trentiéme Octobre 1640.*

Signé,   DELAISTRE.

EXTRAICT DES REGISTRES
de la Cour des Monnoyes.

Ev par la Cour les Lettres
Patentes du Roy en forme
de Declaration, données à
Verfailles le 29. du prefent
mois, fignées LOVIS, &
plus bas, Par le Roy, DELOMENIE, &
fellées de cire iaune du grád feel fur double queuë ; Portant entre autres chofes
Reglement pour le nouueau prix donné
aux Efpeces d'argent legeres & rognées,
en attendant qu'il ayt efté pourueu à la
fonte & conuertiffement defdites Monoyes legeres : Enfemble pour l'obferuation des prix de l'or & argent qui s'em-
ploient aux ouurages d'Orfeurerie, auec
defenfes aux Orfeures de faire aucuns
ouurages d'or & d'argent excedans pour
l'or le poids de quatre Onces, & l'argét de
fix Marcs ; & defondre les Monnoyes &
les tranfporter, ne autres matieres d'or &
d'argent hors du Royaume : Ainfi que

lus au long est contenu en ladite Decla-
ation. Conclusions de Cartays Aduo-
at general, pour le Procureur general:
out consideré. L A C O V R a ordonné
& ordonne, que sur reply desdites Lettres
n forme de Declaration sera mis, qu'el-
es ont esté leües & regiſtrées és Regiſtres
le ladite Cour, oüy, & ce requerant le-
lit Aduocat general, & qu'elles seront
eües & publiées à son de Trompe & cry
ublic, & affiches mises és Carrefours &
eux publics & accouſtumez de cette Vil-
e de Paris; & copies collationées par le
Greffier de ladite Cour par luy enuoyées
ar les Prouinces de ce Royaume, tãt aux
Generaux Prouinciaux des Monoyes,
qu'aux Iuges & Gardes d'icelles, Baillifs,
eneschaux, Preuoſts & autres Iuges de
edit Royaume, pour eſtre pareillement
eües & publiées, & tenir la main à l'exe-
ution & entretenement du contenu en
adite Declaration, lesquels seront tenus
ertifier la Cour de leurs diligences au
nois. F A I T en la Cour des Monoyes
e 30. Octobre 1640.

'Signé,   D E L A I S T R E.
C ij

EVALVATION OV TARI[F]

du prix du Marc & diminutions de[s]
Pieces d'argent legeres & rongnée[s]
mentionnées és Declarations du Ro[y]
du mois de Iuin 1636. & 29 Octobr[e]
1640. & Arrests de la Cour des Mon[noyes]
noyes des   audit an 1636.& 30[e]
dudit mois d'Octobre.

Pieces cy-deuant appellées Quarts d'escu[s]

Le Marc vaut	25. l. 4. s.
L'Once,	3. l. 3. s.
Le Gros,	7. s. 10. den. ob.
Le Denier,	2. s. 7. d. ob.
Le Grain,	1. d. pite $\frac{1}{16}$ de den[ier]

Testons.

Le Marc vaut	24. l. 17. s. 3. den.
L'Once,	3 l. 2. s. 1. d. ob. p. $\frac{1}{?}$ de d[en]
Le Gros,	7. s. 9. d. semip. $\frac{7}{14}$ de d[en]
Le Denier,	2. s. 7. d. $\frac{15}{192}$ de d.
Le Grain,	1. d. p. $\frac{207}{4608}$ de d.

Francs.

Le Marc vaut	23.l. 5. ſ. 9. d.
L'Once,	2.l.18.ſ. 2. d. ob. $\frac{1}{3}$ de d.
Le Gros,	7.ſ. 3. d. p. $\frac{1}{4}$ de d.
Le Denier,	2. ſ. 5. d. $\frac{1}{4}$ de d.
Le Grain,	1. d. ſemip. $\frac{45}{312}$ de d.

ESPECES D'ARGENT ESTRANGERES.

Realles d'Eſpagne.

Le Marc vaut	25.l 4.ſ.
L'Once,	3.l. 3.ſ.
Le Gros,	7.ſ. 10. d. ob.
Le Denier,	2. ſ. 7. d. ob.
Le Grain,	1. d. pite $\frac{1}{4}$

Ducatons de Milan, Florence, Sauoye, Veniſe, & Parme.

Le Marc vaut	25. l. 14. ſ. 6. d.
L'Once,	3.l. 4.ſ. 3. d. ob. p.
Le Gros,	7.ſ. 9. d. pite $\frac{1}{8}$
Le Denier,	2. ſ. 8. d. p. $\frac{5}{32}$
Le Grain,	1. d. p. $\frac{23}{64}$

Ducatons de Flandres.

Le Marc vaut	24.l.7.ſ.6.d.
L'Once,	3 l 11.d.$\frac{1}{4}$
Le Gros,	7.ſ.7.d.$\frac{15}{32}$
Le Denier,	2.ſ.5.d.$\frac{15}{32}$
Le Grain,	1.d.p.$\frac{5}{64}$

Ducatons d'Auignon.

Le Marc vaut	24.l.8.ſ.3.d.
L'Once,	3.l.1.ſ.pite demy pite.
Le Gros,	7.ſ.7.d.ob.$\frac{3}{64}$
Le Denier,	2.ſ.6.d.ob.$\frac{1}{64}$
Le Grain,	1.d.pite $\frac{11}{128}$

Philippes-dalles de Flandres.

Le Marc vaut	21.l.8.ſ.6.d.
L Once,	2.l.13.ſ.6.d.ob.pite.
Le Gros,	6.ſ.8.d.pite $\frac{3}{8}$
Le Denier,	2.ſ.2.d.ob.pite $\frac{2}{4}$
Le Grain,	1.d.$\frac{167}{3304}$

Patagons de Flandres.

Le Marc vaut   21.l.12.ſ.
L'Once,   2.l.14.ſ.
Le Gros,   6.ſ.9.d.
Le Denier,   2.ſ.5.d.
Le Grain,   1.d. p.

Pieces des Prouinces vnies, Dalles au Lyon.

Le Marc vaut 17.l.2.ſ.
L'Once,   2.l.2.ſ.9 d.
Le Gros,   5.ſ 4.d.demy pite.
Le Denier,   1.ſ.9.d pite, demy p.
Le Grain,   obole, pite $\frac{9}{16}$

Pieces de Zelande à l'Aigle.

Le Marc vaut,   18 l 7.ſ.6.d.
L'Once,   2.l.5.ſ 10.d.
Le Gros,   5.ſ.8.d.—ob pite.
Le Denier,   1.ſ.10.d.—ob.pite $\frac{1}{8}$
Le Grain,   ob.pite $\frac{59}{72}$ de den.

Pieces de Frize dictes Gros Bonnet.

Le Marc vaut 20. l. 4. ſ.
L'Once, 2. l. 10. ſ. 6. d.
Le Gros, 6. ſ. 3. d. $\frac{3}{}$ obole, pite,
Le Denier, 2. ſ. 1. d. $\frac{1}{4}$ pite,
Le Grain, 1. d. $\frac{15}{188}$

Pièces de Liege non contrefaites.

Le Marc vaut 18. l. 18. ſ.
L'Once, 2. l. 7. ſ. 3. d.
Le Gros, 5. ſ. 10. d. $\frac{7}{}$ ob. pite, ſem.
Le Denier, 2. ſ. 1. d. $\frac{1}{8}$ ob. ſemip.
Le Grain, obole, pite, ſem. $\frac{61}{72}$

Dales de l'Empire.

Le Marc vaut, 22. l. 13. ſ. 9. d.
L'Once, 2. l. 16. ſ. 7. d. ob.
Le Gros, 7. ſ. ob. pite, $\frac{5}{16}$
Le Denier, 2. ſ. 3. d. pite, $\frac{1}{48}$
Le Grain, 1. d. $\frac{23}{108}$

Teſtons

Teſtons d'Orenge.

Le Marc,	20.l.8.ſ.9.d.
L'Once,	2.l.11.ſ.1.d.ſemip.
Le Gros,	6.ſ.4.d.ob. $\frac{2}{64}$
Le Denier,	2.ſ.1.d.ob. $\frac{1}{4}$
Le Grain,	1.d. $\frac{33}{512}$

Teſtons d'Antoine & Charles de Lorraine.

Le Marc,	22.l.10.ſ.
L'Once,	2.l.16.ſ.3.d.
Le Gros,	7.ſ.pite,ſemip.
Le Denier,	2.ſ.4.d.pite,ſemip.
Le Grain,	1.d. $\frac{11}{64}$

Teſtons d'Henry & Charles de Lorraine, & ceux de Mets.

Le Marc,	19.l.
L'Once,	2.l.7.ſ.6.d.
Le Gros,	5.ſ.11.d. $\frac{1}{4}$ pite.
Le Denier,	1.ſ.11.d. $\frac{1}{4}$ ob.p.
Le Grain,	ob. pite $\frac{11}{4}$

Teſtons au moulin de Lorraine.

Le Marc,	19. l. 4. ſ. 9. d.
L'Once,	2. l. 5. ſ. 1. d. $\frac{1}{8}$ demy pite.
Le Gros,	6. ſ. $\frac{37}{64}$ ded. $\frac{5}{64}$ d'ob.
Le Denier,	2. ſ. $\frac{3}{64}$ ded.
Le Grain,	1. d. $\frac{1}{512}$

Teſtons de Dole.

Le Marc,	18. l. 5. ſ. 6. d.
L'Once,	2. l. 5. ſ. 8. d. $\frac{1}{4}$ pite.
Le Gros,	5. ſ. 8. d. $\frac{17}{32}$ ob. $\frac{1}{32}$
Le Denier	1. ſ. 10. d. $\frac{27}{32}$ ob. $\frac{1}{32}$
Le Grain,	ob. pite, ſemipit. $\frac{251}{576}$

Teſtons de Beſançon.

Le Marc,	18. l. 18. ſ.
L'Once,	2. l. 7. ſ. 3. d.
Le Gros,	5. ſ. 10. d. ob. p. demy p.
Le Denier,	2. ſ. 1. d. $\frac{3}{8}$ ob. demy p.
Le Grain,	ob. pite, ſemip. $\frac{63}{72}$

❀❀❀❀❀❀❀❀❀❀❀❀❀❀❀❀❀❀❀❀

PRIX ET VALEVR DE L'OR
dont trauaillent les Orfeures , & qu'ils em-
ployent à leurs ouurages.

Le Marc,	352. l.
L'Once.	44. l.
Le Gros,	5. l. 10. f.
L'Estelin,	2. l. 4. f.
Le Denier,	1. l. 16. f. 8. d.
Le Felin,	11. f.
Le Grain,	1. f. 6. d. $\frac{1}{3}$

EN SVIT LA VALEVR ET LE
prix que l'on doit payer de l'argent à vnze deniers douze grains, tant en Masse, que pour
tous les ouurages d'Orfeurerie.

Le Marc,	25. l.
L'Once,	3. l. 2. f. 6. d.
Le Gros,	7. f. 9. d. $\frac{1}{4}$
Le demy Gros,	3. f. 10. d. $\frac{2}{1}$
Le Denier,	2. f. 7. d. $\frac{1}{4}$
Le Grain.	1. d. $\frac{13}{24}$

L'an mil six cens quarante, le Mardy 30. Octobre, la Declaration du Roy cy dessus, portant Reglement pour le nouueau prix donné aux especes d'argent legeres & rognées, &c. a esté leuë & publiée à son de trompe & cy public aux carrefours & autres lieux tant ordinaires qu'extraordinaires de cette ville & faux-bourgs de Paris, en la presence de nous Iean Gerin premier Huissier en ladite Cour des Monnoyes, Iacques Blondel, & Michel Rebours, Huissiers en icelle sous-signez par Iean Iossier Iuré Crieur en ladite Ville, Preuosté & Vicomté de Paris, accompagné de trois Trompettes, commis de Pierre Gilbert, Gentian le Chable, & Noiret Iurez Trompettes du Roy esdits lieux; comme aussi a esté ladite Declaration affichée par nous en tous les lieux accoustumez de ladite ville & faux-bourgs de Paris, à ce qu'aucun n'en pretende cause d'ignorance. Signé Gerin, Blondel & Rebours.

Collationné aux Originaux par moy Conseiller & Secretaire du Roy, Maison & Couronne de France & de ses Finances, Greffier en chef de la Cour des Monnoyes.

INSTRVCTION POVR LA
connoiſſance du Marc, & des poids qui le compoſent.

LE MARC eſt compoſé de huiſt onces en huiſt poids.

Le premier qui eſt la boëtte peſe quatre onces, autant que les ſept autres.

Le deuxieſme deux onces, autant que les ſix.

Le troiſieſme vne once, autant que les cinq.

Le quatrieſme demie once, autant que les quatre.

Le cinquieſme deux gros, autant que les trois.

Le ſixieſme vn gros, autant que les deux.

Le ſeptieſme demy gros, autant que le huit.

L'ONCE eſt compoſée de huiſt gros.

La demie Once de quatre gros.

Le GROS eſt compoſé de trois Deniers, qui font ſoixante & douze grains.

Le demy Gros de trente-ſix grains.

Le DENIER de vingt-quatre grains.

D iij

Extraict du Priuilege du Roy.

PAr Grace & Priuilege du Roy, il eſt permis à Sebaſtien Cramoiſy Imprimeur ordinaire du Roy en ſa Cour des Monnoyes, d'imprimer tous les Edits, Ordonnances, Reglemens, Arreſts & toutes autres choſes concernans le fait des Monnoyes ; faiſant defenſes à toutes perſonnes de quelque eſtat, qualité & cődition qu'elles ſoient, d'imprimer ou faire imprimer aucunes choſes concernant le fait des Monnoyes, à peine de confiſcation de tout ce qui ſe trouuera auoir eſté imprimé, de tous deſpens, dommages & intereſts, & d'mende arbitraire, comme il eſt porté par ledit Priuilege. Donné à Lyon le vingt-cinquieſme iour de Iuillet, mil ſix cens vingt-neuf. Signé, Par le Roy en ſon Conſeil. POITEVIN. Et ſcellé de grand ſeel ſur ſimple queuë en cire jaune.

EXTRAICT DES REGISTRES
de la Cour des Monnoyes.

ENTRE Sebaſtien Cramoiſy, Marchand Libraire Iuré en l'Vniuerſité de Paris, & ſeul Imprimeur du Roy pour le fait des Monnoyes, demandeur aux fins de l'exploict du vingt-huictieſme Iuillet mil ſix cens trente ſix, tendant à ce que les exemplaires de la Declaration de ſa Majeſté, & nouueau Reglement ſur le fait des Monnoyes, enſemble les figures & portraits deſdites Monnoyes empraintes ſur les Declarations ſaiſies ſur le defendeur cy-apres nommé, ſoient confiſquez au profit du demandeur, & pour la contrauention faite par ledit defendeur auſdits Edicts, Lettres Patentes du Roy, & Arreſt de ladite Cour, ledit defendeur ſoit condamné en trois mil liures d'amende appliable au profit dudit demandeur en tous ſes deſpens, dõmages & intereſts meſme en ceux reſeruez par l'Arreſt du Conſeil Priué du Roy du 26. Octobre dernier, d'vne part. Et Anthoine Cheuillot Imprimeur du Roy, demeurant à Troyes, defendeur d'autre; Et encore le Procureur general du Roy en ladite cour, interuenant d'autre part. Apres que Lambin Aduocat pour le demandeur, & Martin pour le defendeur, enſemble du Duit pour le Procureur general ont eſté ouys: LA COVR a declaré & declare la ſaiſie faite ſur le defendeur à la requeſte du demandeur, des feüilles, exemplaires, figures, portraicts, & bois, bonne & valable, ordonne qu'elles demeureront confiſquées au profit du demandeur, & à la repreſentation d'iceux ſeront les gardiens cõtraints par toutes voyes denës & raiſonnables, meſme par empriſonnement de leurs perſonnes, comme depoſitaires de biens de Iuſtice, quoy faiſant demeureront déchargez; a fait & fait inhibitions & defenſes audit defendeur contreuenir ny entreprendre ſur le droict dudit Cramoiſy, ny imprimer à l'aduenir aucune choſe concernant le fait des Monnoyes, ny meſme contrefaire aux imprimez par le demandeur, ſur les peines portées par l'Ordonnance, & condamne le defendeur aux dommages & intereſts enuers le demandeur, & en tous les deſpens, meſmes ceux reſeruez par l'Arreſt du Conſeil. FAICT en la Cour des Monnoyes, le quatrieſme May mil ſix cens trente-huict. DELAISTRE.